T0045900

The 2020 ★★★ DEMOCRATIC ★★★ PRESIDENTIAL CANDIDATES COLORING *and* ACTIVITY BOOK

SONYA SATURDAY

TILLER PRESS

NEW YORK LONDON TORONTO SYDNEY NEW DELHI

An Imprint of Simon & Schuster, Inc.
1230 Avenue of the Americas
New York, NY 10020

Copyright © 2020 by Sonya Saturday
All rights reserved, including the right to reproduce this book or portions thereof in any form whatsoever. For information address Simon & Schuster Subsidiary Rights Department, 1230 Avenue of the Americas, New York, NY 10020

First Tiller Press trade paperback edition January 2020

TILLER PRESS and colophon are trademarks of Simon & Schuster, Inc.

For information about special discounts for bulk purchases, please contact
Simon & Schuster Special Sales at 1-866-506-1949 or business@simonandschuster.com

The Simon & Schuster Speakers Bureau can bring authors to your live event.
For more information or to book an event contact the Simon & Schuster Speakers Bureau at 1-866-248-3049 or visit our website at www.simonspeakers.com.

Interior design and jacket art by Sonya Saturday

Manufactured in the United States of America

10 9 8 7 6 5 4 3 2 1

ISBN 978-1-9821-4225-4

JOE BIDEN
FORMER VICE PRESIDENT
OF THE UNITED STATES
I AGREE THAT EVERYBODY ONCE THEY-- ANYWAY, MY TIME IS UP. I'M SORRY.*
*Democratic Debate, June 27, 2019

AMY KLOBUCHAR
UNITED STATES SENATOR
FROM MINNESOTA

BERNIE SANDERS
UNITED STATES SENATOR
FROM VERMONT

MARIANNE WILLIAMSON
AUTHOR, SPIRITUAL LEADER, AND ACTIVIST
MY FIRST CALL IS TO THE PRIME MINISTER OF NEW ZEALAND, WHO SAID HER GOAL WAS TO MAKE NEW ZEALAND [THE BEST PLACE] IN THE WORLD FOR A CHILD TO GROW UP. AND I WILL TELL HER, "GIRLFRIEND, YOU ARE SO ON."*
*Democratic Debate, June 27, 2019

JOHN DELANEY
FORMER UNITED STATES
REPRESENTATIVE FROM
MARYLAND

ANDREW YANG
ENTREPRENEUR

JOE SESTAK
FORMER UNITED STATES
REPRESENTATIVE
FROM PENNSYLVANIA

BETO O'ROURKE
FORMER UNITED STATES
REPRESENTATIVE FROM TEXAS

ELIZABETH WARREN

UNITED STATES SENATOR
FROM MASSACHUSETTS

MICHAEL BENNET
UNITED STATES SENATOR
FROM COLORADO

Joe Biden is getting uncomfortably close to a woman again. Who is it? YOU DECIDE!

CORY BOOKER
UNITED STATES SENATOR
FROM NEW JERSEY
I'M A NERD AND PROUD. I'M ALSO COURAGEOUS ENOUGH TO ADMIT I LOVED BUFFY THE VAMPIRE SLAYER.*
*Twitter, July 2, 2013

BILL DE BLASIO

MAYOR OF NEW YORK CITY

JOHN HICKENLOOPER

FORMER GOVERNOR OF COLORADO

JULIÁN CASTRO

FORMER UNITED STATES SECRETARY OF HOUSING AND URBAN DEVELOPMENT

*Democratic Debate, September 12, 2019

KIRSTEN GILLIBRAND
UNITED STATES SENATOR
FROM NEW YORK
THE FIRST THING I'M GOING TO DO AS PRESIDENT IS I AM GOING TO CLOROX THE OVAL OFFICE.*
*Democratic Debate, July 31, 2019

PRESIDENTIAL BEHAVIOR

Match the following nicknames given by Donald Trump to the appropriate Democratic candidate.

1) SleepyCreepy

2) Alfred E. Neuman

3) Lightweight Senator

4) The Nutty Professor

5) Pocahontas

A) Kirsten Gillibrand

B) Bernie Sanders

C) Pete Buttigieg

D) Elizabeth Warren

E) Joe Biden

Answer: 1) E, 2) C, 3) A, 4) B, 5) D

KAMALA HARRIS
UNITED STATES SENATOR
FROM CALIFORNIA

PETE BUTTIGIEG
MAYOR OF SOUTH BEND, INDIANA

POLITICAL MACHINE

Draw a new Democratic presidential candidate by melding these two candidates together. Will yours produce enough love to win the hearts of the American people?

Marianne Williamson

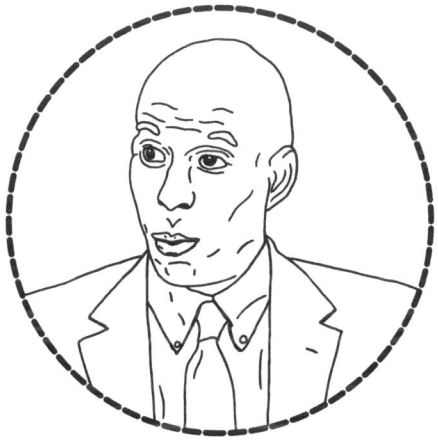

Cory Booker

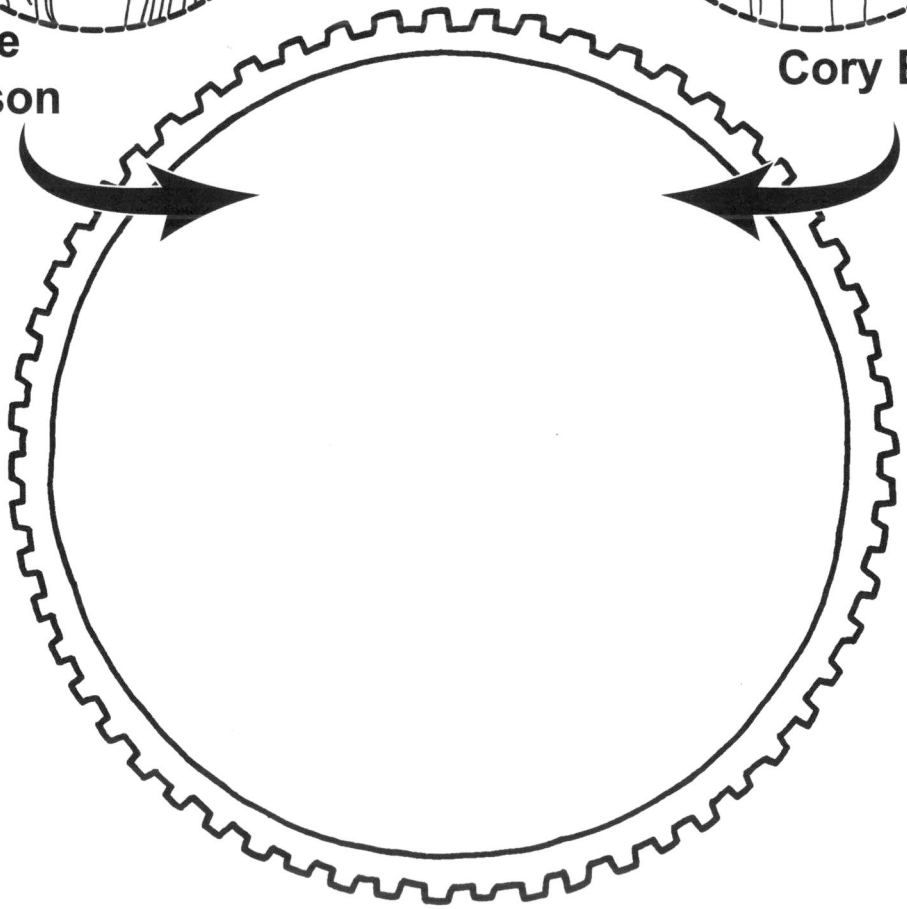

ERIC SWALWELL
UNITED STATES REPRESENTATIVE
FROM CALIFORNIA

CAMPAIGN ISSUES

Search the puzzle for these phrases that matter to the Democratic Party. Issues can be up, down, forward, backward, and diagonal, so good luck connecting with voters!

INCOME INEQUALITY

CRIMINAL JUSTICE REFORM

MEDICARE FOR ALL

STUDENT DEBT

CAMPAIGN FINANCE

ELECTORAL COLLEGE

REDUCING CARBON EMISSIONS

CLIMATE CHANGE

BACKGROUND CHECKS

TRANSPORTATION

WEALTH TAXES

ONLINE PRIVACY

A T G C R I M I N A L J U S T I C E R E F O R M

Q Y A K O D A B S I P M U R T T O N E S A E L P

A O J R Z Q M O S J Y P N M Y P X O O M D E F L

U N G N I H T Y R E V E S N I U R P M U R T U A

G I Q M P X U X T N F M A Y K L L P C Q W G R H

X A A S K N I T S P M U R T E L B I R R E T B I

H G P L I G P M U R T E K I L T N O D I A S W F

C A M P A I G N F I N A N C E G H T Q Q L K U O

S P U M M Y R V G L D V G B C N N W Q B T E Q T

A M R T T R A N S P O R T A T I O N L U H U G B

V U T D U P W F B S H B R C O P B O J T T U X A

G R L O Z B R D D I W B P K R P M M X R A G Q Q

A T L N Q R F L T I O A G G A O K O M U X X M B

R H I L P J G I B N N Q K R L E M R S M E U P O

M Y T I L A U Q E N I E M O C N I E P P S X N Z

P W S N V U L M D B V M Q U O W P T B Z P H V X

K M A E J J I L T A D V T N L G C R H I R W Q A

Q K U P T S P N N O I W T D L W Q U R L G T C L

D Z D R S C V E E G N A H C E T A M I L C V I P

R A Z I T D O H D Y K Y Y H G S U P R A I C N D

E G O V J O F N U O I S U E E Q B A T K Z S J Q

E N V A K P S A T M E D I C A R E F O R A L L B

S M D C O N H L S P S I D K Q D V T R U Y G W L

R K L Y S Z F B A A V P M S H N K R C H U U E C

SETH MOULTON
UNITED STATES
REPRESENTATIVE FROM
MASSACHUSETTS

STEVE BULLOCK
GOVERNOR OF MONTANA

MICHAEL BENNET

AGE IS JUST A NUMBER

A person must be at least 35 years old to serve as president. Luckily there's no upper limit! Match each Democratic candidate to the year in which they were born.

1) Pete Buttigieg	A) 1981
2) Elizabeth Warren	B) 1969
3) Tulsi Gabbard	C) 1982
4) Bernie Sanders	D) 1952
5) Cory Booker	E) 1949
6) Joe Biden	F) 1941
7) Marianne Williamson	G) 1942

Answer: 1) C, 2) E, 3) A, 4) F, 5) B, 6) G, 7) D

BERNIE SANDERS

WAYNE MESSAM
MAYOR OF MIRAMAR, FLORIDA

AMY KLOBUCHAR

POLITICAL MACHINE

Draw a new Democratic presidential candidate by melding these two candidates together. Will yours be white and male enough to alleviate electability concerns?

Michael Bennet

Pete Buttigieg

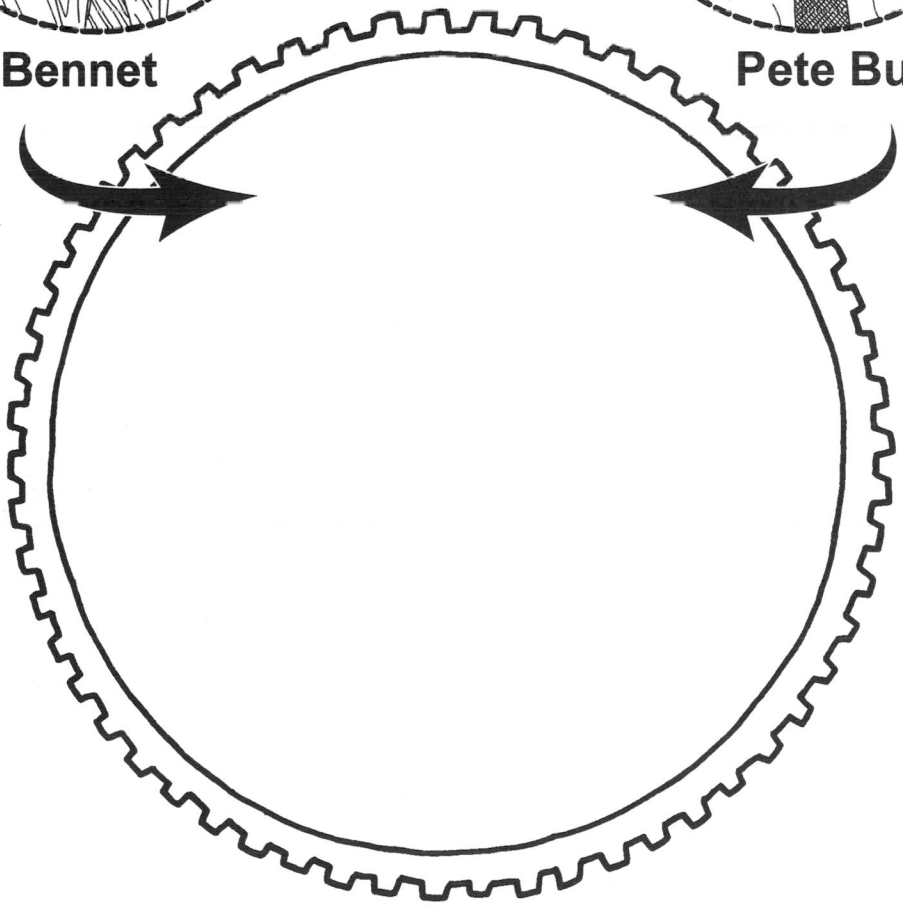

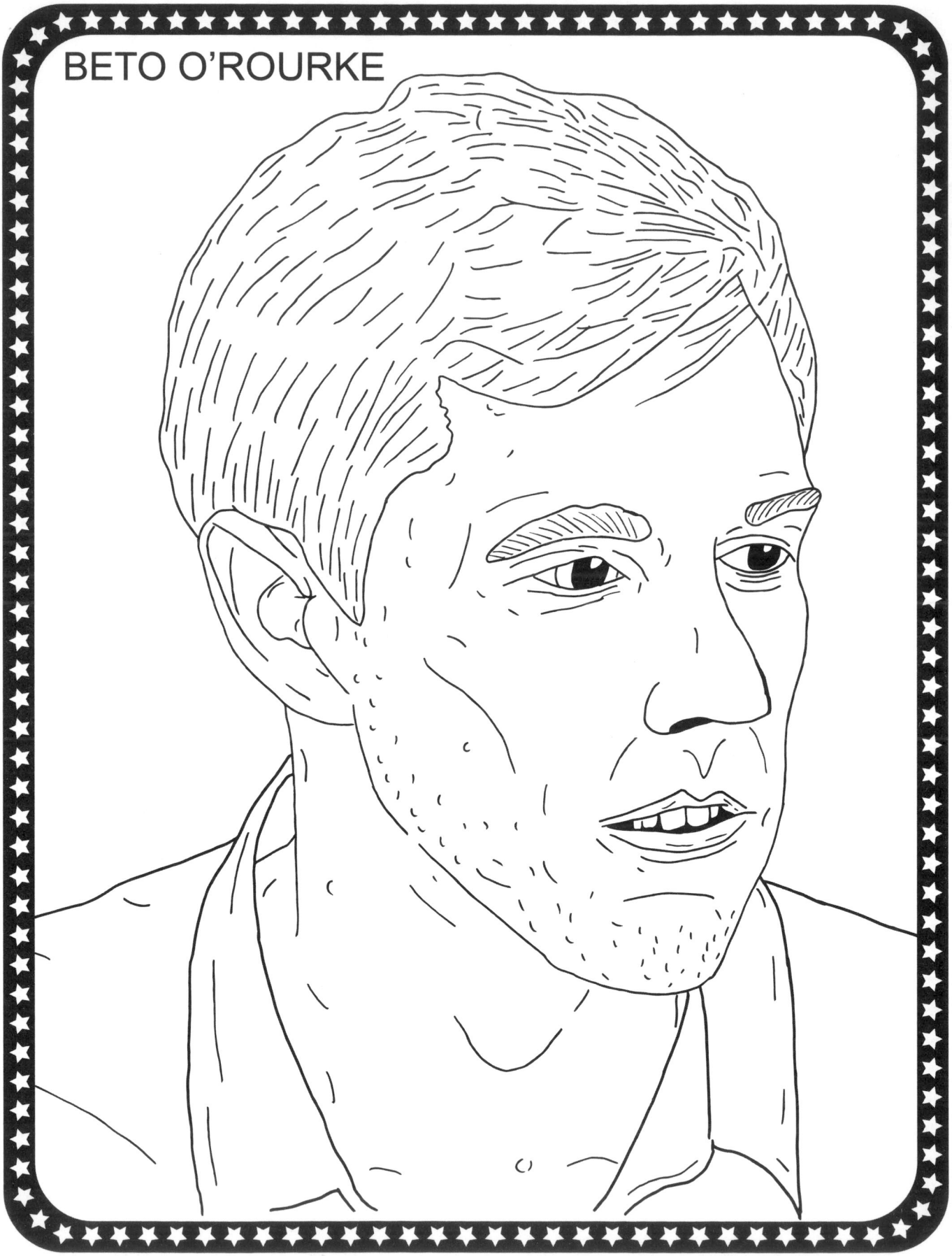
BETO O'ROURKE

TULSI GABBARD

UNITED STATES REPRESENTATIVE
FROM HAWAII

JAY INSLEE
GOVERNOR OF WASHINGTON

TIM RYAN
UNITED STATES REPRESENTATIVE
FROM OHIO

FRIENDS IN HIGH PLACES

Celebrities love endorsing presidential candidates! Using the famous names in the box, write each celebrity below the candidate they've publicly endorsed.

Tom Hanks	Cardi B
Lance Bass	Scarlett Johansson
George R. R. Martin	Dave Navarro
Rosie O'Donnell	Tommy Chong
Miley Cyrus	Tony! Toni! Toné!
Ron Perlman	Flea
Deepak Chopra	Mindy Kaling
Bill Nye	Rob Reiner

Pete Buttigieg _____

Elizabeth Warren _____

Bernie Sanders _____

Joe Biden _____

Marianne Williamson _____

Andrew Yang _____

Jay Inslee _____

Kamala Harris _____

Answer: Listen, I could tell you the correct answers, but what's the point? I mean really, you should be voting for the person you think is most qualified to do the most good for our country. Nonsense like celebrity endorsements are just a distraction from legitimate political debate. Anyway, thanks for buying my book!

TOM STEYER
BILLIONAIRE,
HEDGE FUND MANAGER,
AND PHILANTHROPIST

ANDREW YANG

RICHARD OJEDA
FORMER STATE SENATOR
FROM WEST VIRGINIA

ELIZABETH WARREN

JULIÁN CASTRO

KAMALA HARRIS

POLITICAL MACHINE

Draw a new Democratic presidential candidate by melding these two candidates together. Will yours offer Americans enough free stuff to be elected?

Elizabeth Warren

Andrew Yang

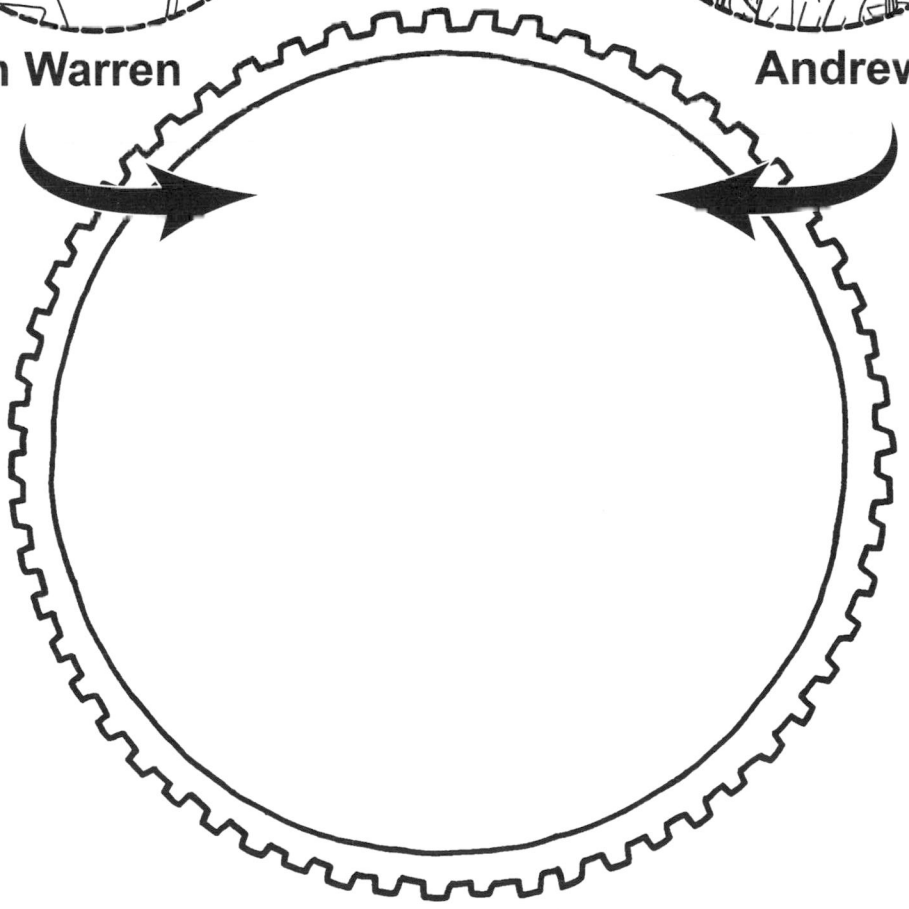

TULSI GABBARD

MIKE GRAVEL
FORMER UNITED STATES
SENATOR FROM ALASKA

CAMPAIGN ISSUES

Search the puzzle for these phrases that matter to the Republican Party. Issues can be up, down, forward, backward, and diagonal, so put on your reading glasses!

BUILD THE WALL

KEEP AMERICA GREAT

OWNING THE LIBS

FAKE NEWS

NUKING HURRICANES

VERY FINE PEOPLE

COVFEFE

VERY STABLE GENIUS

CLIMATE CHANGE IS A HOAX

TRADE WARS

NO COLLUSION

TOTAL EXONERATION

I T I V W N O C O L L U S I O N O Z F C D T C T

W O Q N B U I L D T H E W A L L B I T M E O A I

Z S H V H W P I W S D N G J D X O V B G T T Y S

E N I Z A G A M P M U R T H T I W E M K N A P S

X I L F T E N A M A B O N P R S L R N Z E L U H

T O H S I R E T H G U A D Y M Y I Y G P D E P E

S J G S B I L E H T G N I N W O N F C H I X W A

G I A M T H E C H O S E N O N E G I M W S O X T

A B V F P F X H X M D U I Y H A G N Z G E N W E

A Z O J E L E A U B A D H O M B R E S I R E S N

C C T F A K E N E W S Y H D S V E P I B P R I G

O E V T A E R G A C I R E M A P E E K U N A P O

J O W S R A W E D A R T S O L K N O Z I U T W K

C P Z Q Z E L I W R V D Z H I A M P K W C I J N

N R H E L H M S S C L E A N C O A L Y W W O M U

U V E R Y S T A B L E G E N I U S E R H W N L O

O N U K I N G H U R R I C A N E S V N Y D I T Y

Z J F F N T W O C O R I N T H I A N S S G D A W

E G A C C K L A T M O O R R E K C O L A L T R V

P W S Z S Y J X K K D E F T L W R P E I U H D Q

H R Q P C H O C O L A T E C A K E O T Z C Q Y D

J R L B U L M E W C F N S D M S N V E J L P Q V

P U K Y M S Z F O Y I J Y U C Q R A J C W A R K

M Y E L X F C X G I K B P Y W D O A B K C J C D

WAYNE MESSAM

BERNIE SANDERS

JOE BIDEN

MARIANNE
WILLIAMSON

PETE BUTTIGIEG

JAY INSLEE

POLITICAL MACHINE

Draw a new Democratic presidential candidate by melding these two candidates together. Will any American voters be able to recognize your candidate on the street?

Amy Klobuchar

Julián Castro

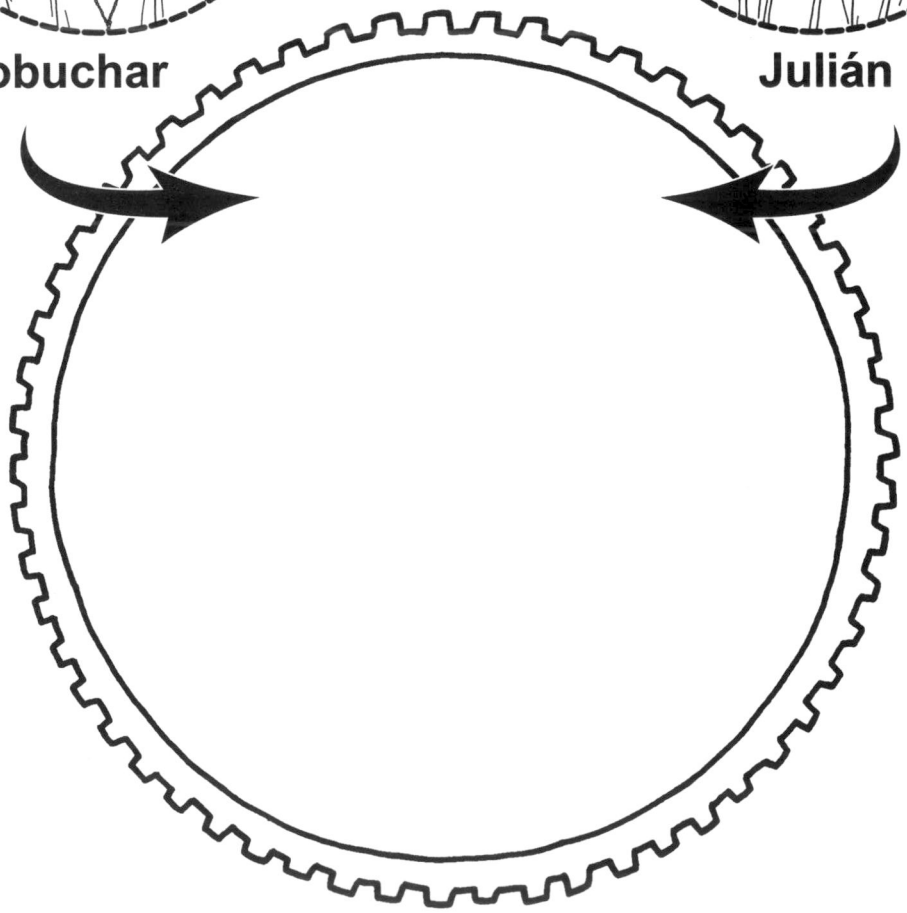

KAMALA HARRIS

STEVE BULLOCK

TIM RYAN

JOHN DELANEY

ANDREW YANG

BILL DE BLASIO

Can you unscramble these words?

A C E O R D S M T

_ _ _ _ _ _ _ _ _

E T G

_ _ _

O R U Y

_ _ _ _

T C A

_ _ _

G E H E T T R O

_ _ _ _ _ _ _ _

Answer: democrats, get, your, act, together

ABOUT THE ARTIST

Sonya Saturday was born in Virginia and raised in Florida (both of which are in the USA) by a Democrat mother and a Republican father. She has drawn a bunch of books, including *The 2016 Republican Presidential Candidates Coloring and Activity Book*, which was kind of like this one but about Republicans instead! Sonya currently lives in Los Angeles, California, where she makes art and comics. Her website is sonyasaturday.com.